AF369608

L'ABBÉ QUINARD

Curé de Notre-Dame d'Auteuil

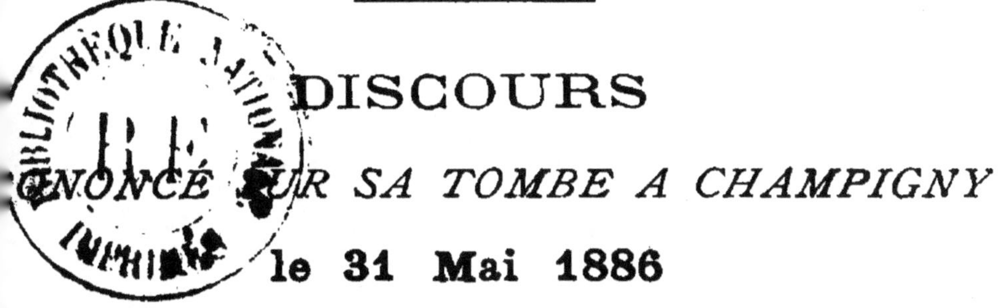

DISCOURS

PRONONCÉ SUR SA TOMBE A CHAMPIGNY

le 31 Mai 1886

Prix : 50 centimes

au profit de l'École Lamazou

PARIS-AUTEUIL

IMPRIMERIE DES APPRENTIS-ORPHELINS. — ROUSSEL

40, rue La Fontaine, 40.

—

1886

L'ABBÉ QUINARD

Au nom de la paroisse de Notre-Dame d'Auteuil, le Conseil de fabrique dépose une couronne sur la dépouille mortelle du curé qu'elle vient de perdre et il apporte à son vénéré pasteur le tribut de sa reconnaissance et de ses regrets.

Dieu n'a fait que montrer l'abbé Quinard à Auteuil, puisque, des cinq années qu'il a passées parmi nous, plus de deux années nous ont été ravies par le progès lent mais continu de la maladie qui l'a emporté.

Cependant nous avons pu le connaître et l'apprécier : c'était une âme si simple qu'il n'était pas besoin d'une longue expérience pour discerner en elle des qualités morales qui ont touché tous les cœurs, qui ont provoqué toutes les sympathies. Ces qualités vraiment chrétiennes étaient le dévouement au devoir, la soumission à la volonté de Dieu, l'abnégation de tout intérêt personnel, l'application modeste à la tâche de chaque jour, la charité pour tout ce qui souffre, pour les petits et les pauvres : « Laissez venir à moi les tout petits, » tel est le mot du Maître qu'il aurait pu prendre pour devise, si une devise n'eût paru trop ambitieuse à son humilité.

Lorsqu'en 1881, l'abbé Quinard, âgé de cinquante ans, fut chargé de la cure de Notre Dame d'Auteuil, il était déjà recommandé à la sympathie et aux espérances de ses paroissiens par l'affection presque paternelle qu'il avait inspirée à un saint et vénérable prêtre, dont le souvenir est vivant dans la reconnaissance de tous ceux qui l'ont eu pour pasteur à Auteuil et qui regrettent encore ce curé d'une charité si communicative et d'une éloquence si entraînante. L'ancien professeur du petit séminaire appelait l'abbé Quinard

« mon cher fils » et l'autorisait à lui répondre « mon père bien aimé. »

Dans la paroisse d'Auteuil, l'abbé Quinard semblait devoir se reposer des fatigues et des agitations d'une mission dont le labeur était au-dessus des forces de son tempérament trop délicat. En effet, comme récompense de son zèle éprouvé, on lui offrait une administration dont toutes les conditions paraissaient favorables au repos de son intelligence, de son cœur et de sa santé. Son prédécesseur à Auteuil avait tant fait pour cette paroisse, qu'il semblait qu'il n'y eût plus rien à faire, sinon recueillir le fruit de ses travaux. Rien de plus trompeur que cette apparence, rien de plus onéreux que ce brillant héritage. Personne n'a pu deviner, personne ne saura jamais que d'obstacles de tout genre ont surgi sous les premiers pas du nouveau curé ; combien de courageux efforts, combien d'abnégation chrétienne lui ont

coûtés les premières heures de son administration.

Accepter la lourde succession d'un pasteur
dont le zèle enfantait des merveilles et ne con-
naissait point le mot « impossible » c'était déjà
chose difficile et ardue : continuer et augmenter
était impraticable ; maintenir était beaucoup.
L'achèvement de l'église d'Auteuil et son appro-
priation au culte s'imposaient sans délai au nouveau venu ; ce travail fut l'objet de soins immé-
diats, que le succès récompensa lentement.

Cependant l'œuvre morale, l'œuvre de prédilec-
tion du bienfaiteur d'Auteuil avait été la création
d'une école libre pour les filles, sous la direction
des sœurs de Sainte-Marie. La prospérité de
cette école naissante fut un premier bien dû à
la sollicitude de l'abbé Quinard. Mais les fruits
précieux de cette éducation chrétienne avaient
besoin d'être assurés pour l'avenir. A quoi bon

jeter tant de germes de vertu à la surface du sol, si le vent des passions mauvaises doit emporter ces germes et les balayer le lendemain ; si les connaissances acquises ne doivent être pour des cœurs corrompus que des armes et des instruments plus puissants pour le mal.

Avec un sens pratique très délicat, l'abbé Quinard prévit le péril et y porta un prompt remède.

Par l'institution d'un patronage, il offrit aux anciennes élèves de l'école la continuation d'une direction religieuse, un abri contre les périls du dehors et le moyen de mener courageusement une vie pure et chrétienne, jusque dans un milieu tout hérissé des tentations les plus malsaines. Cette création a été l'œuvre personnelle de l'abbé Quinard : ce couronnement indispensable de l'école demeurera son plus beau titre à la reconnaissance éclairée des familles chrétiennes.

On a dit que chacune des pierres de l'église d'Auteuil représente une prière de notre ancien curé. Que faut-il dire des efforts et des travaux du pasteur que nous venons de perdre ? Que de larmes il a dû joindre à ses prières pour décider à de nouveaux sacrifices une charité dont les ressources semblaient taries par des largesses vingt fois sollicitées !

Ah ! sans doute, dans les insomnies de son existence inquiète et de sa longue maladie, combien de fois sa pensée et son cœur ont dû se reporter vers les années plus souriantes de sa jeunesse, vers les espérances qu'elles avaient pu lui permettre de concevoir et que la délicatesse de sa santé avait cruellement effeuillées une à une, le long de son chemin douloureux.

Sa vocation semblait être d'abord l'instruction, et l'éducation de la jeunesse : de solides et brillantes études l'y avaient préparé ; des maîtres éminents l'y conviaient en lui ouvrant leurs rangs ; enfin le succès même de son enseignement l'encourageait à persévérer. Aujourd'hui encore, les élèves qu'il a formés gardent le souvenir de ces savantes leçons d'histoire, qui leur ont fait aimer et la science et le maître.

Quand, à l'âge de trente-deux ans, une maladie grave provoquée par un généreux excès de zèle et de travail le contraignit à renoncer à l'enseignement, la sollicitude paternelle de l'administration diocésaine l'envoya diriger le troupeau des fidèles dans le village de Champigny, où se sont écoulées les meilleures années de sa vie, dans le milieu le plus sympathique à ses aptitudes, à ses préférences, à ses vertus.

Une douceur timide et réservée lui donnait peu de goût pour l'exercice impérieux de l'autorité ;

prier lui convenait mieux que commander. Sans manquer de caractère, il répugnait à la lutte ; pour tourner les résistances, il se plaisait à compter sur la patience et sur le temps. S'il eut jamais quelque fiel, c'était, comme dans l'âme de Fénelon, « le fiel de la colombe. »

Par simplicité naturelle, il préférait à toute autre la vie calme des champs, loin, le plus loin possible de cette fièvre parisienne qui communique même à la piété quelque chose de son agitation passionnée.

Humble d'attitude, de langage et de sentiments, il éprouvait une sympathie profonde pour les humbles et les petits. Il sentait combien, dans le chaos de notre détresse morale, le peuple a besoin des lumières et des consolations de la doctrine chrétienne. Aussi, l'on croit que, pendant les dix années consacrées à son troupeau de Champigny, pas un seul de ses paroissiens n'est mort sans avoir reçu l'adieu suprême et la sainte bénédiction de son curé.

Envers cette famille modeste que Dieu lui avait confiée, son obligeance paternelle était toujours prête aux services de tous les instants et descendait dans tous les détails : il ne savait rien refuser : ses paroissiens de Chanpigny en ont recueilli pendant dix années des exemples touchants ; ils en gardent à leur ancien pasteur une inaltérable gratitude.

Nul d'eux n'a oublié cette parole simple, naturelle, facile, familière avec convenance. Le prédicateur n'avait besoin d'aucun effort ; et l'âme de son auditoire se laissait gagner sans peine à son autorité pleine de mansuétude. La persuasion était sur ses lèvres, parceque son cœur y montait avec ses paroles. A quoi bon l'appareil d'une préparation oratoire pour répéter à son troupeau attentif et recueilli : « Aimez

Dieu pardessus tout ; aimez-vous les uns les autres ; tout le reste n'est que vanité »

Lorsque la tempête du plomb et du fer étranger ravagea le sol de notre pauvre France, lorsque les flots maudits de l'invasion vinrent battre les murs de Paris, le pasteur vigilant rassembla son petit troupeau éperdu, pour l'amener dans l'asile qui lui assurait la vie, on sait au prix de quelles privations et de quelles angoisses. Pendant ces mois terribles et néfastes, son zèle patriotique et religieux lui donnait la force de se multiplier. En même temps qu'il se faisait aumônier d'ambulance, il reprenait à l'âge de quarante ans, ses fonctions de professeur, avec toute l'ardeur de ses premiers débuts.

Mais, en dépit de ses efforts et de son énergie, plus d'une fois encore la maladie vint suspendre son travail et lui imposer le repos. Ce fut pour lui rendre autant que possible les conditions hygiéniques dont il avait joui à Champigny que, en 1881, une sollicitude vraiment paternelle lui ménagea le séjour d'Auteuil.

Pendant les trois premières années, il sembla que le succès dût répondre à ces attentions bienveillantes. Mais, le 25 mars 1884, une crise aiguë d'un caractère vague et menaçant à la fois, le contraignit à quitter Paris et à se condamner à l'inaction. C'était la mort qui lui donnait un premier avertissement ; c'était une voix d'en haut qui lui disait : « Frère, il faut mourir. »

De ce jour commence une dernière période qui fut sanctifiée par les angoisses d'une longue et douloureuse agonie. Un dépérissement rapide et irrémédiable fit de ces deux dernières années un véritable martyre. Avec une touchante résignation, il courba le front pour porter cette croix nouvelle et voila sous un sourire mélancolique les angoisses du fils et les regrets du pasteur. Ce n'était pas sa volonté qui le dérobait à ses devoirs, c'était le poids de sa tâche qui grossissait à mesure que diminuait la force de le supporter.

Son mal était une inflammation générale des artères. Plus d'une fois quelques désordres dans les fonctions des principaux organes purent faire croire à une affection locale et passagère ; ces accidents cachaient une plaie profonde et incurable. Le pauvre malade espéra bien longtemps. Comment ne pas espérer pour cette mère qu'il allait laisser seule, aux dernières limites de la vieillesse, seule, à la garde et à la merci de la Providence ? Voilà pourquoi il est resté debout jusqu'à la dernière heure. Tous, nous l'avons vu se traîner vers sa stalle, plus hâve et plus décrépit qu'il ne l'était hier sur son lit de mort; spectacle douloureux et plein d'édification ;

ous eussiez dit un cadavre sortant de son ombeau pour se tenir debout à son poste.

Il est une émouvante cérémonie par laquelle étachant les liens qui retiennent l'âme chrétienne ur la terre, l'Eglise, pour préparer ses enfants u dernier voyage, les purifie de toutes leurs ouillures terrestres ; cette cérémonie fut accom- lie pour l'abbé Quinard dans des circonstan- es et avec des particularités bien édifiantes.

Huit jours avant sa fin, le vendredi 21 mai, à rois heures de l'après-midi, il secoua la léthargie qui l'envahissait sourdement, pour déclarer qu'il oulait recevoir les derniers sacrements, en leine lucidité d'esprit et en parfaite possession le sa volonté, afin d'offrir à Dieu le sacrifice méri- oire de sa vie, au jour et à l'heure mêmes où son livin Maître s'est offert en sacrifice pour l'huma- ité toute entière.

Fidèle exécuteur de ce désir si touchant, un de ses vicaires lui administra le sacrement de l'extrême-onction. Comme des suffocations très pénibles lui rendaient le lit insupportable, le malade était assis sur un fauteuil et revêtu même de sa soutane. Dans la solitude silencieuse de sa petite chambre, ce fut sa mère, sa mère elle-même, qui aida le prêtre dans son ministère, lui présentant l'huile sainte, écartant les vêtements, détachant les cordons des souliers de son fils pour laisser passage à l'onction suprême.

Voyez et méditez ce spectacle : La mère chrétienne qui, il y a cinquante ans, lui avait ouvert la vie terrestre, aujourd'hui, à l'âge de plus de quatre-vingts ans, ouvre à son dernier enfant les portes de la vie éternelle.

Cruel renversement des lois de la nature et du temps, la pauvre mère ensevelit son fils ; elle reste seule et désolée sur cette rive déserte d'où son fils est parti pour ne plus revenir. Puis, la sainte femme, qui avait bercé son premier sommeil avec un sourire d'espérance, l'endort aujourd'hui dans le berceau de la mort, avec plus d'un soupir ; mais en dévorant ses larmes : Dieu lui donne l'espoir de le rejoindre bientôt.

Après avoir ainsi pieusement reçu les saints sacrements offerts par un ami, le jeudi 27 mai, il s'est éteint dans une somnolence qui l'a conduit jusqu'à son dernier sommeil : il a passé doucement dans l'éternité.

Oui, comme il avait été doux, toute sa vie : doux envers sa mère, doux envers ses amis, doux envers son troupeau, il a été doux envers la mort.

Ainsi l'abbé Quinard nous a laissé à tous l'exemple de la seule vertu, qui soit propre à soutenir l'espérance des chrétiens jetés par la Providence dans nos temps orageux : la soumission d'un enfant à la volonté de Dieu d'abord, puis à la volonté de sa mère qui était à ses yeux l'image vivante de l'autorité divine : Dieu et la famille ; le salut est là, tout est là.

Témoins journaliers de ses derniers efforts pour le bien, les habitants d'Auteuil doivent une pieuse gratitude à ce persévérant ouvrier de la Providence. A leur hommage, à leur reconnaissance pour tant de modestes soins, ils joindront leurs prières et leurs vœux, recommandant à l'infinie bonté de Dieu cette âme qui a essayé de faire tout le bien que lui permettaient le temps et les circonstances. Aveugles et impatients, les hommes n'apprécient que le succès, ne voient que ce qui brille ; à Dieu seul il appartient d'estimer à sa valeur cet humble ouvrier qu'il a daigné rappeler à lui, avant qu'il eût achevé sa tâche et sa journée.

Ainsi la volonté de la Providence ramène ses restes mortels dans le village qu'il a tant aimé.

Voyez, voyez : le bon curé de Saint-Saturnin est de retour à sa bergerie, tous les cœurs viennent à sa rencontre, toutes les cloches de sa petite église gothique lui souhaitent la bienvenue, toutes les fleurs du printemps lui sourient doucement et l'acacia répand ses parfums dans les sentiers où naguère il promenait ses pieuses rêveries. C'est sous un linceul de gazon, à l'abri d'un ciel bleu, dans le calme du village qu'il dormira son dernier sommeil.

Sans doute, le Maître a jugé dans sa sagesse que ses efforts lui avaient mérité cette paix promise aux hommes de bonne volonté ; sans doute, il daigne accueillir avec une indulgence pa-

ternelle cette âme dont les vertus répondaie
bien aux béatitudes proclamées dans le Sain
vre : « Bienheureux ceux qui sont doux... E
heureux les pacifiques, parce qu'ils seront
pelés enfants de Dieu. »

Ravissante et divine promesse qui est la r
solation de tous nos regrets, parce que c'es
plus radieuse espérance pour son avenir éter

A. P.

Paris-Auteuil. — Imp. des Appr.-Orph. — Rou
40, rue La Fontaine, 40.